BEI GRIN MACHT SICH IHR WISSEN BEZAHLT

AF136116

- Wir veröffentlichen Ihre Hausarbeit,
  Bachelor- und Masterarbeit

- Ihr eigenes eBook und Buch -
  weltweit in allen wichtigen Shops

- Verdienen Sie an jedem Verkauf

Jetzt bei www.GRIN.com hochladen
und kostenlos publizieren

Bibliografische Information der Deutschen Nationalbibliothek:

Die Deutsche Bibliothek verzeichnet diese Publikation in der Deutschen National-bibliografie; detaillierte bibliografische Daten sind im Internet über http://dnb.d-nb.de/ abrufbar.

Impressum:

Copyright © 2020 GRIN Verlag
Druck und Bindung: Books on Demand GmbH, Norderstedt Germany
ISBN: 9783346224699

Dieses Buch bei GRIN:

https://www.grin.com/document/908734

Alexa Hüni

Psychologie. Forschungsmethoden, Experiment und Berufsbilder

GRIN Verlag

GRIN - Your knowledge has value

Der GRIN Verlag publiziert seit 1998 wissenschaftliche Arbeiten von Studenten, Hochschullehrern und anderen Akademikern als eBook und gedrucktes Buch. Die Verlagswebsite www.grin.com ist die ideale Plattform zur Veröffentlichung von Hausarbeiten, Abschlussarbeiten, wissenschaftlichen Aufsätzen, Dissertationen und Fachbüchern.

Besuchen Sie uns im Internet:

http://www.grin.com/

http://www.facebook.com/grincom

http://www.twitter.com/grin_com

Einsendeaufgabe

Einführung in die Psychologie

Alternative: B

abgegeben am 22. Juni 2020
SRH Fernhochschule – The Mobile University

Modul: Einführung in die Psychologie
Studiengang: B. Sc. Psychologie

von
Alexa B. Hüni
Studiengang: B. Sc. Psychologie

Inhaltsverzeichnis

Abbildungsverzeichnis

Abkürzungsverzeichnis

asp   Arbeitsgemeinschaft für Sportpsychologie

BISp   Bundesinstitut für Sportwissenschaften

DOSB   Deutscher Olympischer Sportbund

Einleitung

Für die hier vorliegende Einsendeaufgabe wurde Alternative B aus dem vorge-gebenen Themenkatalog gewählt. In Aufgabe B1 werden die unterschiedlichen psychologischen Forschungsmethoden dargestellt und in das Spektrum interner und externer Validität eingeordnet.

Teil B2 befasst sich mit dem psychologischen Experiment und stellt dar, weshalb dieses in der naturwissenschaftlich geprägten Psychologie einen solch hohen Stellenwert einnimmt. Des Weiteren werden die Vor- und Nachteile des psycho-logischen Experiments im Vergleich zu anderen sozialwissenschaftlichen Metho-den diskutiert.

Schließlich werden in der letzten Teilaufgabe B3 drei unterschiedliche Berufsbil-der der Psychologie vorgestellt und beschrieben und es wird dargestellt, wie sich die psychologischen Grundlagen- und Anwendungsfächer in diesen Berufsbil-dern widerspiegeln.

1 Aufgabe B1

1.1 Die unterschiedlichen Forschungsmethoden der Psychologie

Die Psychologie, deren Gegenstand die Erforschung des menschlichen Erlebens, Verhaltens und Handelns ist (Hussy et al., 2013, S. 2), stützt sich auf ein breites Spektrum verschiedener qualitativer wie quantitativer Forschungsmethoden. Sie bilden, wie in allen anderen Sozialwissenschaften auch, die Basis zur Erlangung von Erkenntnisgewinn. Sehr generalistisch formuliert werden Forschungsmethoden als die einzelnen Vorgehensweisen der Datensammlung, -auswertung und -interpretation bezeichnet (Zimbardo & Gerrig, 1999, S. 18). Da die Vielfalt der angewendeten Methoden groß ist, nimmt die Methodenlehre auch im Psychologiestudium einen wichtigen Stellenwert ein. Die große Methodenvielfalt, die zur Beantwortung psychologischer Fragestellungen herangezogen wird, ist darauf zurück zu führen, dass die bloße, intensive gedankliche Beschäftigung mit diesen äußerst vielfältigen, komplexen und variantenreichen Fragestellungen allein nicht ausreichend ist, um zu den gewünschten Erkenntnissen zu gelangen (Hussy et al., 2013, S. 2). Dabei richten sich die Forschungsmethoden der Psychologie am Empirismus aus, „da die Psychologie als empirische Wissenschaft (Erfahrungswissenschaft) gilt" (Zimbardo & Gerrig, 1999, S. 2). Nun lassen sich wissenschaftliche Studien und Untersuchungsdesigns verschiedenen wissenschaftstheoretischen Ansätzen bzw. Paradigmen zuordnen. Diese Zuordnung stellt nach Döring und Bortz (2016) ein wichtiges Klassifikationskriterium dar (S. 178). Die in der Psychologie angewandten Methoden lassen sich in erster Linie danach unterscheiden, ob sie qualitativer oder quantitativer Ausrichtung sind. Qualitative Forschungsmethoden sind eher in der geisteswissenschaftlichen Tradition verortet (Döring & Bortz, 2016, S. 178) und kommen vorzugsweise bei explorativen Fragestellungen zum Einsatz. Hier steht über die Auswertung von verbalem oder visuellem Material und dessen Interpretation die Hypothesenbildung im Vordergrund (Hussy et al., 2013, S. 285). Die quantitative Forschung dahingegen hat ihren Ursprung eher in der Tradition der Naturwissenschaften (Döring & Bortz, 2016, S. 178) und arbeitet unter der Verwendung erhobener, numerischer Daten stärker hypothesentestend (Hussy et al., 2013, S. 284). Mittels deskriptiver (beschreibender) und inferentieller (schließender) statistischer Verfahren, versucht sie Erkenntnisse über Zusammenhänge oder Unterschiede der

Untersuchungsvariablen zu gewinnen. Die Ergebnisse quantitativer Forschung werden nach sogenannten Gütekriterien - Objektivität, Replizierbarkeit und Validität - beurteilt, wobei Validität das wichtigste der drei Gütekriterien darstellt. Diese wird weiter nach interner und externer Validität unterschieden (Döring & Bortz, 2016, S. 178). Auf die Einordnung der verschiedenen psychologischen Forschungsmethoden in das Spektrum der internen und externen Validität wird unter 2.2 näher eingegangen.

Nachfolgend wird eine Auswahl verschiedener quantitativer und qualitativer Forschungsmethoden kurz vorgestellt.

Das klassische Laborexperiment hat zum Ziel den Einfluss einzelner Faktoren auf andere Faktoren genau zu untersuchen. In der stabilen Umgebung eines Forschungslabors lassen sich sämtliche Störvariablen innerhalb des Experiments gut kontrollieren und somit lassen sich Experimente auch beliebig oft wiederholen. Trotz dieser Stabilität ist die Replizierbarkeit psychologischer Effekte in wiederholt gleichen Experimenten nur bedingt gegeben, weshalb es stets opportun ist, angeblich „gesicherte" Erkenntnisse kritisch zu hinterfragen (Mühlfelder, 2017b, S. 31). Dennoch wird das Experiment nach wie vor als der „Königsweg" der naturwissenschaftlich geprägten Psychologie gesehen. Hierauf wird unter Kapitel 3.1 dieser Arbeit nochmals vertieft eingegangen.

Soll eine besonders große Stichprobe bzw. Personenzahl bei begrenztem Zeitbudget untersucht werden, bietet es sich an, eine Fragebogenstudie durchzuführen. Mittels moderner Online-Plattformen, wie beispielsweise SurveyMonkey oder Empirio, lassen sich in verhältnismäßig kurzer Zeit viele Daten erheben. Die größte Herausforderung hierbei liegt in der Operationalisierung der Fragen, um reliable und valide Fragebögen zu konstruieren (Mühlfelder, 2017b, S. 32).

Um zu erfassen, wie stark die Veränderung bei einer Variable durch die Veränderung einer anderen Variable beeinflusst wird, bietet es sich an eine sogenannte Korrelationsstudie durchzuführen. Diese Forschungsmethode ist ebenfalls dem quantitativen Paradigma zuzuordnen und ist im Vergleich zu anderen Forschungsdesigns - als einfache Querschnittuntersuchung - relativ wenig aufwändig. Primäres Ziel dieser Methode ist die statistische Absicherung vermuteter Gemeinsamkeiten zwischen Merkmalen (Döring & Bortz, 2016, S. 668).

Für die Untersuchung sozialer Systeme, wie beispielsweise einer Familie oder einer Organisationseinheit in einem Unternehmen, bietet sich die Methode der Feldstudie/-beobachtung an. Dadurch, dass die zu untersuchenden Personen hierbei in ihrer gewohnten Umgebung bleiben, kann die Übertragungsfähigkeit der gewonnen Forschungsergebnisse in die Realität als hoch angesehen werden. Die externe Validität dieser Methode ist hoch, man spricht in diesem Zusammenhang auch von der sogenannten ökologischen Validität (Mühlfelder, 2017b, S. 35). Dies ist aber zugleich auch eine Schwäche dieser Forschungsmethode, da der Forscher, bzw. der Beobachter durch seine Präsenz im System, dies mit beeinflussen und somit selbst zu einer Störvariablen werden kann.

Die qualitative Inhaltsanalyse dahingegen konzentriert sich auf die Auswertung und Analyse implizierter Botschaften aus Texten, Bildern, Ton- oder Videoaufzeichnungen. Hierzu werden bestimmte Aussagen in Kategorien eingeteilt und auf ihre Verteilung und Häufigkeit hin untersucht. Daraus können Muster oder Strukturen abgeleitet werden, welche anschließend inhaltsanalytisch ausgewertet werden können.

1.2   Einordnung der unterschiedlichen psychologischen Forschungsmethoden in das Spektrum interner und externer Validität

Wie unter 2.1 dargestellt, bedient sich die wissenschaftliche Psychologie aus einer Vielzahl unterschiedlicher Forschungsmethoden. Diese unterscheiden sich grundsätzlich hinsichtlich ihrer internen oder externen Validität (Mühlfelder, 2017a, S. 35). "Die interne Validität (auch Ceteris-paribus-Validität) sagt etwas darüber aus, inwieweit durch die experimentelle Variation das gemessen wird, was gemessen werden soll. Das heißt, als intern valide gilt eine experimentelle Untersuchung dann, wenn ein signifikanter Unterschied zwischen Versuchs- und Kontrollbedingung eindeutig auf die Manipulation der unabhängigen Variablen zurückzuführen ist" (Kubbe, 2016, S. 172). Sie ist also ein Indikator für die Qualität des gewählten Forschungsdesigns. Die interne Validität wird als hoch eingestuft, wenn „die Veränderung der abhängigen Variable eindeutig auf die Variation der unabhängigen Variable zurückgeführt werden kann" (Mühlfelder, 2017a, S. 35).

Dem gegenüber steht die externe Validität. Sie gibt an „inwieweit das Experiment die tatsächliche Realität abbildet, wird mit der externen Validität beschrieben. Die externe Validität (auch Allgemeingültigkeit, Verallgemeinerungsfähigkeit oder ökologische Validität) ist ein Indikator dafür, inwieweit sich die erzielten Ergebnisse des Experiments generalisieren lassen, genauer gesagt, inwieweit diese auf die Realität übertragen werden können und eine Allgemeingültigkeit für sich in Anspruch nehmen" (Kubbe, 2016, S. 172). Die externe Validität gibt also an, inwiefern und ob sich die erzielten Forschungsergebnisse über das Forschungsdesign hinaus generalisieren lassen (Mühlfelder, 2017a, S. 35).

Anhand des Kriteriums der internen und externen Validität lassen sich die verschiedenen psychologischen Forschungsmethoden gut voneinander abgrenzen.

So zeichnet sich das kontrollierte Feldexperiment sowohl durch eine gute interne und eine hohe externe Validität aus. Zwar können hier mögliche Störvariablen nicht gleichermaßen gut wie im Laborexperiment kontrolliert und beeinflusst werden (interne Validität), dafür führt die Durchführung der Untersuchung in einem natürlichen, nicht labormäßigen Umfeld zu einer guten Verallgemeinerungsfähigkeit und damit zu einer hohen externen Validität (Hussy et al., 2013, S. 141). Hiervon abzugrenzen ist das zuvor erwähnte klassische Laborexperiment, welches durch die im Labor gut kontrollierbaren Störvariablen eine hohe interne Validität aufweist. Hier führt die Variation der unabhängigen Variable eindeutig zu einer Veränderung der abhängigen Variable (Mühlfelder, 2017a, S. 35). Aufgrund seines künstlich arrangierten Forschungs-Settings müssen allerdings Abstriche hinsichtlich der externen Validität hingenommen werden (Hussy et al., 2013, S. 141). Es stellt sich die Frage, wie gut im Labor gewonnene Erkenntnisse in die Realität übertragen werden können. Das Quasi-Experiment unterscheidet sich lediglich durch nur ein einziges Merkmal vom bereits genannten Laborexperiment – nämlich durch die fehlende Randomisierung (Hussy et al., 2013, S. 141). Da das Quasi-Experiment auch im Labor stattfindet, ergeben sich hierbei – anders als beim Feldexperiment – keine Vorteile in Bezug auf die externe Validität (Hussy et al., 2013, S. 142). Eine weitere Sonderform des Experiments ist die qualitative Feldstudie. Sie unterscheidet sich jedoch gänzlich davon. Da sowohl Randomisierung, wie eine ausreichende Kontrolle der Störvariablen nicht gewährleistet werden können, ergeben sich deutliche Einbußen bezüglich der internen Validität (Hussy et al., 2013, S. 142). Abschließen erwähnt im Bereich der quantitativen Forschungsmethoden sei noch die Computersimulation. Systembedingt lassen sich hierbei Störvariablen gut kontrollieren oder eliminieren, was zu einer hohen internen Validität führt. Die externe Validität ist jedoch äußerst gering, da der Realitätstransfer fraglich ist.

Dem gegenüber steht die teilnehmende Beobachtung. Sie ist im Bereich der qualitativen Forschungsmethoden anzusiedeln und weist ebenfalls eine geringe externe Validität auf, da aus den Ergebnissen einzelner Beobachtungs-Studien nur schwer auf eine Gesamtheit geschlossen werden kann. Zusätzlich ist diese Forschungsmethode noch durch eine ebenso geringe interne Validität charakterisiert, da hierbei der Forscher bzw. Beobachter Teil der Untersuchung ist und diese somit – gewollt oder ungewollt – beeinflussen kann (Hussy et al., 2013, S. 240). Die systematische Verhaltensbeobachtung unterscheidet sich hiervon durch eine gleichermaßen geringe interne Validität bei allerdings einer etwas besseren Generalisierbarkeit, also höheren externen Validität.

Nachfolgende Abbildung fasst nochmals die Einordnung der unterschiedlichen psychologischen Forschungsmethoden in das Spektrum der internen und externen Validität zusammen:

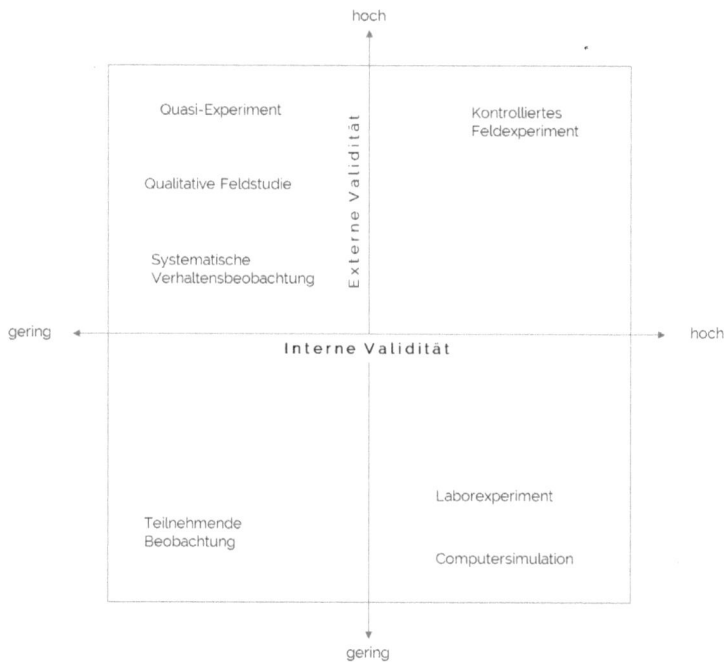

Abbildung 1: Einordnung einiger verschiedener psychologischer Forschungsmethoden in das Spektrum interner und externer Validität

(Quelle: eigene Darstellung in Anlehnung an Mühlfelder, 2017)

2 Aufgabe B2

2.1 Das psychologische Experiment – Königsweg der naturwissenschaftlich geprägten Psychologie

Die Ursprünge der Psychologie als angewandte Wissenschaft reichen bis weit in die Antike zurück. Hier waren es Philosophen wie Aristoteles, die sich bereits mit Fragestellungen über das Zusammenspiel von Geist, Körper und Seele, beschäftigten. Die moderne Psychologie, wie wir sie heute kennen, jedoch existiert erst seit Ende des 19. Jahrhunderts. Als markantes Datum nennt die Literatur hier das Jahr 1879, als Wilhelm Wundt in Leipzig das erste experimental-psychologische Labor gründete. Er erweiterte die bis dahin stark philosophisch geprägte Psychologie um naturwissenschaftliche Aspekte wie Kontrollierbarkeit und Wiederholbarkeit und verlagerte die Forschung ins Labor, um dort unter kontrollier- und veränderbaren Experimentalbedingungen Ursachen und Wirkungen psychologischer Phänomene genau analysieren zu können. In Analogie zur Physik sollten experimentelle Ergebnisse jederzeit nachvollziehbar und reproduzierbar sein und auch in der Psychologie zum Königsweg der Erkenntnisgewinnung werden (Mühlfelder, 2017a, S. 15). Der wesentliche Unterschied beim psychologischen Experiment im Vergleich zu seinem naturwissenschaftlichen Vorbild liegt in der Tatsache, dass hier kein Objekt, sondern ein lebendiges Subjekt, ein Mensch, Gegenstand der Untersuchung ist. Daher spielt auch die Frage nach Ethik und Moral im psychologischen Experiment eine wichtige und häufig auch kontrovers diskutierte Rolle.

Wilhelm Wundt legte also den Grundstein der experimentellen Psychologie, wie wir sie heute kennen. In Abgrenzung zur sogenannten Alltagspsychologie ist die wissenschaftliche Psychologie stets bestrebt präzise Terminologien zu verwenden und ihre Aussagen mit geeigneten, empirischen Methoden systematisch und kritisch zu überprüfen (Mühlfelder, 2017b, S. 10). Das Experiment nimmt hierbei – insbesondere „im Hinblick auf die Prüfung von Kausalhypothesen" (Döring & Bortz, 2016, S. 188) - in der Psychologie eine zentrale Rolle ein und wird seither als der „Königsweg der Erkenntnis" der naturwissenschaftlich geprägten Psychologie bei der Erforschung von Ursache-Wirkungs-Zusammenhängen angesehen: „Denn in einer experimentellen Studie werden die laut Theorie bzw. Hypothese

postulierten Ursache-Wirkungs-Relationen unter Ausschaltung von personenbe-
zogenen und untersuchungsbedingten Störeinflüssen aktiv hergestellt, d. h. es
wird mindestens eine Experimentalgruppe mit einer Kontrollgruppe verglichen"
(Döring & Bortz, 2016, S. 188).

Hussy et. al definieren das Experiment als „die systematische Beobachtung einer
abhängigen Variablen unter verschiedenen Bedingungen einer unabhängigen
Variablen bei gleichzeitiger Kontrolle der Störvariablen, wobei die zufällige Zuordnung von Probanden und experimentellen Bedingungen gewährleistet sein
muss" (Hussy et al., 2013, S. 120). In dieser Definition finden sich die wesentlichen Merkmale dieses Forschungsansatzes wieder – nämlich die Beschreibbar-
keit und Variation von Versuchsbedingungen, die willkürliche Manipulation der
unabhängigen Variable und die Kontrollierbarkeit von Störvariablen. Ein weiteres
wichtiges Merkmal des Experiments ist die Wiederholbarkeit. Ziel des psychologischen Experiments ist die Überprüfung bzw. die Bestätigung einer Kausalität
zwischen einer Ursache und einer Wirkung (Leonhart, 2008, S. 36). Diese Überprüfung erfolgt immer theoriegestützt und untersucht den kausalen Einfluss einer
oder mehrerer unabhängiger Variablen (UV)) auf die Ausprägungen einer oder
mehrerer abhängiger Variablen (AV)" (Döring & Bortz, 2016, S. 188).

Die Durchführung psychologischer Experimente ist in verschiedene Phasen eingeteilt. Allem voran steht laut Kühl das Versuchsdesign: "Im Gegensatz zur so
genannten nichtexperimentellen Forschung (Befragung oder Beobachtungen)
wird bei Experimenten die soziale Situation durch das Experiment gezielt beeinflusst (Feldexperiment) oder durch den Experimentleiter überhaupt erst geschaffen (Laborexperiment). Deswegen ist der Datenerhebung bei Experimenten immer ein Versuchsdesign vorangestellt" (Kühl, 2009, S. 538). Die darauf aufbau-
enden Phasen sind die Operationalisierung, die Versuchsplanung und die Kontrolle der Störvariablen (Kühl, 2009, S. 538). Die Durchführung von Experimenten
ist, wie sich nach dem vorausgegangen kurzen Absatz zur Durchführung erken-
nen lässt, sehr aufwändig. Daher sollen im Folgenden die Besonderheiten und
Vorteile von Experimenten nochmals kurz umrissen werden. Kühl führt als be-
sondere Vorteile an, dass durch Experimente genau bestimmt werden kann, was
die Ursache und was der Effekt ist, sowie die Tatsache, dass die Einflüsse, die
einen Effekt hervorrufen, durch den Forscher gezielt kontrolliert werden können

(Kühl, 2009, S. 550). Ein weiterer Vorteil des Experiments ist die Hypothesentestung. Besser als mittels anderer Forschungsmethoden, lässt sich nach der Durchführung und Auswertung eines gründlich geplanten Experiments eine zuvor aufgestellte Hypothese verifizieren oder falsifizieren. Die zuvor genannte Kontrollierbarkeit von Störvariablen ist ebenfalls bei keiner anderen Methode der Datenerhebung im gleich guten Maß gegeben, wie im psychologischen Experiment und stellt daher ebenfalls eine Besonderheit und Vorteil der Methode dar. Kritisch zu hinterfragen ist bei Experimenten jedoch die Übertragbarkeit der gewonnenen Erkenntnisse auf „natürlich auftretende Situationen" (Westermann, 2020). Die externe Validität von Experimenten ist mithin reduziert und wirft stets die Frage der Transferierbarkeit künstlich erzeugter Experimentalsituation die Realität auf.

2.2   Gegenüberstellung der Vor- und Nachteile des psychologischen Experiments im Vergleich zur systematischen Feldbeobachtung

Das dem quantitativen Forschungsparadigma zugehörige Experiment lässt wie keine andere Forschungsmethode Kausalinterpretationen zwischen einer Ursache und einer Wirkung aufzeigen. Da die Erforschung von Kausalbeziehungen häufig im Zentrum psychologischer Fragestellungen steht, gilt das psychologische Experiment – wie unter 3.1 dargestellt – als der „Königsweg" der naturwissenschaftlich geprägten Psychologie und hat sich als die maßgebliche Forschungsmethode - insbesondere in der allgemeinen - Psychologie etabliert (Mühlfelder, 2017a, S. 73). Ausgangspunkt für das psychologische Experiment bildet die sogenannte Hypothese. Eine Hypothese, deren wesentlichen Merkmale eine präzise und widerspruchsfreie Formulierung, die prinzipielle Widerlegbarkeit, die Operationalisierbarkeit und die Begründbarkeit sind, ist eine vorläufige, also vermutete Antwort auf eine Forschungsfrage, welche es durch den wissenschaftlichen Nachweis zu bestätigen oder zu wiederlegen gilt (Hussy et al., 2013, S. 31). Ausgehend davon wird eine kontrollierte Laborsituation geschaffen, mittels welcher die Hypothese verifiziert und falsifiziert werden soll. Vorteilhaft ist daher beim Experiment, dass sich Störvariablen gezielt beeinflussen bzw. kontrollieren lassen, man spricht von einer hohen internen Validität. Die Übertragbarkeit auf Realsituationen ist jedoch fraglich. Ein weiterer Vorteil von Experimenten ist die Wiederholbarkeit und Replizierbarkeit der Datenerhebung. Da sich

Laborsituationen in gleicher Art und Weise wieder herstellen lassen, können die gleichen Experimente auch beliebig oft wiederholt werden (Mühlfelder, 2017b, S. 31). Theoretisch ließen sich dann unter denselben Experimentalbedingungen die gleichen Effekte bzw. Ergebnisse beliebig oft reproduzieren. Leider ist dies in der Praxis nicht der Fall, was durch unterschiedliche Replikationsstudien gezeigt werden konnte (Mühlfelder, 2017b, S. 31).

Im Gegensatz zum Laborexperiment findet bei der systematischen Feldbeobachtung, die dem qualitativen Forschungsparadigma zuzuordnen ist, die Forschung in der natürlichen Umgebung des Beobachtungssubjekts statt. Der Beobachter kann dabei entweder in das beobachtete soziale System eindringen (teilnehmende Beobachtung) oder sich davon abgrenzen (nicht teilnehmende Beobachtung) (Mühlfelder, 2017b, S. 67). Die zu erforschenden Handlungen und Verhaltensweisen werden im ursprünglichen, sozialen Kontext beobachtet und laufen nicht Gefahr durch das künstlich arrangierte Setting einer Laborsituation beeinflusst oder verfälscht zu werden. Diese Natürlichkeit – und die damit einhergehende hohe externe, hier auch „ökologische" Validität, dieser Forschungsmethode – stellt einen Vorteil gegenüber dem Laborexperiment dar. Es besteht jedoch die Gefahr der Beeinflussung durch den Versuchsleiter, der durch seine Präsenz im zu untersuchenden System gewisse Störeinflüsse ausüben kann. Dieses Phänomen wird auch als „Rosenthal-Effekt" beschrieben (Mühlfelder, 2017b, S. 35). Durch die nicht-strukturierte Vorgehensweise der systematischen Feldbeobachtung wird es möglich, die Beobachtungssituation besonders detailreich und umfänglich zu erfassen. Üblicherweise liegen die Daten hier in verbaler, visueller oder auch audio-visueller Form vor (Döring & Bortz, 2016, S. 324). Sie kommt immer dann zum Einsatz, wenn der Forschungsschwerpunkt auf „sozialen Interaktionen zwischen Handelnden in ihrer jeweiligen Lebenswelt" (Döring & Bortz, 2016, S. 325) liegt. Hier spielt die systematische Feldbeobachtung eine wichtige Rolle und zeigt eine deutliche Stärke gegenüber dem voran genannten Laborexperiment.
Allein schon anhand dieser kurzen Gegenüberstellung nur zweier psychologischer Forschungsmethoden wird die Notwendigkeit einer großen Methodenvielfalt in der Psychologie deutlich.

3 Aufgabe B3

3.1 Vorstellung drei verschiedener Berufsbilder in der Psychologie

Mit einem Abschluss in Psychologie eröffnen sich zahlreiche berufliche Perspek-
tiven. Neben dem Verbleib in Forschung und Wissenschaft, etwa als Hochschul-
professor, stehen studierten Psychologen neben dem Weg in die freiberufliche
Tätigkeit als Psychologe oder Psychotherapeut, vielfältige Tätigkeiten in der
freien Wirtschaft, im Schul- und Weiterbildungssektor oder im klinischen Umfeld,
offen. Exemplarisch für die vielen verschiedenen Möglichkeiten werden im Folgenden drei Berufsbilder in der Psychologie herausgegriffen und näher vorgestellt.

3.1.1 Klinische Psychologie - Psychiatrie

Die Klinische Psychologie befasst sich mit der Beschreibung, der Diagnostik und
Prävention, sowie mit der Therapie des menschlichen Erlebens und Verhaltens
(Mendius & Werther, 2019, S. 18). Berking und Rief erweitern diese Definition
noch um den Begriff der psychischen Störung und stellen deren Diagnostik, Klas-
sifikation, Therapie und Prävention in den Mittelpunkt (Mühlfelder, 2017a, S. 41).
Das hier zu verortende Berufsbild ist jenes der Psychologen in einer Klinik res-
pektive Psychiatrie. Hier können Psychologen entweder im stationären oder im
ambulanten Bereich tätig sein. Während im ambulanten Bereich "überwiegend
Patienten zur Diagnostik schwerer psychischer Störungen oder zur Begutach-
tung komplexer Krankheitsbilder" (Mendius & Werther, 2019, S. 22) vorstellig
werden, werden im stationären Bereich bereits diagnostizierte psychische Erkrankungen intensiv betreut und therapiert (Mendius & Werther, 2019, S. 22).
Der Tagesablauf von Psychologen im Klinikbereich ist nicht an einen strengen,
gleichbleibenden Ablauf gebunden, jedoch durch „typische Elemente" geprägt
(Mendius & Werther, 2019, S. 22). Nach Mendius und Werther sind dies in erster
Linie die Diagnostik psychischer Erkrankungen, die Aufklärung von Patienten
über Untersuchungsergebnisse und weiterführende Therapiemaßnahmen – die
sogenannte Psychoedukation -, das Abhalten von Therapiesitzungen, Krisenin-
terventionen und letztlich auch die Dokumentation aller Gesprächsinhalte, Erkenntnisse, Befunde, Diagnosen und Maßnahmen.

Für die Tätigkeit als Psychologe in der Psychiatrie wird die weiterführende Qualifikation zum Psychotherapeuten vorausgesetzt. Dies ist eine, auf einen Master- oder Diplomabschluss im Fach Psychologie aufbauende, drei bis fünf Jahre dauernde Weiterbildung an einer anerkannten Einrichtung mit anschließender Approbation. Insgesamt sind laut Ausbildungs- und Prüfungsordnung - aus dem Jahre 1998 - für Psychologische Psychotherapeuten 4.200 Ausbildungsstunden, welche sich praktische und theoretische Ausbildungsbestandteile untergliedern, zu absolvieren (Mendius & Werther, 2019, S. 26).

3.1.2 Wirtschaftspsychologie

Die Ursprünge der Wirtschaftspsychologie gehen bis in das frühe 20. Jahrhundert zurück. Hier war es Hugo Münsterberg, der 1912 bereits „psychologische Forschung und Erkenntnisse in einem ökonomischen Kontext zu Verbesserungen und Innovationen" (Mühlfelder, 2017a) setzte. Er gilt damit als einer der Begründer der sogenannten „Psychotechnik" – einem in dieser Zeit entwickelten psychologischen Modell, welches die Passung individueller Eigenschaften und Fähigkeiten auf die Anforderungen industrieller Tätigkeiten untersuchte (Mühlfelder, 2017a, S. 18). Ausgehend hiervon hat sich die Wirtschaftspsychologie als eigenständige psychologische Disziplin entwickelt und wird als solche sowohl als Bachelor- wie auch als Masterstudium an Universitäten angeboten. Das Spektrum der Wirtschaftspsychologie ist breit gefächert und deckt – als Schnittstellendisziplin zwischen Ökonomie und Psychologie – sämtliche Fragen ab, die „das Erleben und Verhalten des Menschen als Produzent und Konsument von Waren und Dienstleistungen zu beschrieben und zu erklären versucht" (Mühlfelder, 2017a, S. 61). Mühlfelder (2017a) nennt als wesentliche Teildisziplinen der Wirtschaftspsychologie die Personalpsychologie, die Organisationspsychologie und die Berufspsychologie bzw. die Berufseignungsdiagnostik (Mühlfelder, 2017a). Mendius und Werther (2019) ergänzen noch die Arbeitspsychologie, sowie Tätigkeiten als Coach, Unternehmensberater und Markt- und Meinungsforscher (S. 112, 121, 131).

Die Branche der Unternehmensberatung zieht Absolventen aus nahezu allen Studienfächern an und bietet für Wirtschaftspsychologen ein breites und interessantes Tätigkeitsfeld. Im Rahmen von, meist zeitlich definierten,

Beratungsprojekten gilt es als Unternehmensberater eine objektive Perspektive von extern in eine Organisation einzubringen, um in schwierigen Situationen oder bei komplexen Fragestellungen das Unternehmen zu beraten und zu guten Entscheidungen zu verhelfen. Häufig verfügen Unternehmen selbst nicht über die notwendigen Ressourcen, um derartige Fragestellungen zu bearbeiten. Neben der Ressourcenverfügbarkeit ist es auch häufig eine Frage der im Unternehmen selbst zur Verfügung stehenden Expertise. Geht es beispielsweise um ein Projekt zur Evaluierung von Optimierungspotentialen in einem Fertigungsbetrieb oder von Kosteneinsparungspotentialen im Personalbereich, so kann es für eine Organisation hilfreich und ratsam sein, sich einen klaren Blick von Extern einzukaufen. Neben dem Vorteil, nicht Teil des zu verändernden Systems zu sein, verfügen Unternehmensberater auch über einen großen Erfahrungsschatz aus Beratungsprojekten bei vielen unterschiedlichen Unternehmen, welcher letztlich dem jeweiligen Beratungsprojekt zu Gute kommen kann.

Für Psychologen ist eine Tätigkeit in der Beratung laut Mendius und Werther (2019) äußerst vielschichtig. So gibt es beispielsweise Beratungsfirmen, die sich speziell auf psychologische Themengebiete wie Arbeits- und Organisationspsychologie spezialisiert haben. Auch im Bereich der Eignungs- und Entwicklungsdiagnostik oder im Kommunikations- und Konfliktmanagement kommen häufig externe Beratungsunternehmen mit Psychologieschwerpunkt zum Einsatz (S. 129). Durch die fundierte Methodenausbildung (Mendius & Werther, 2019, S. 129), die im Psychologiestudium eine wichtige Rolle einnimmt, lassen sich Psychologen ideal in Beratungsprojekten einsetzen.

3.1.3 Sportpsychologie

Ein Tätigkeitsfeld der Psychologie, welches in der jüngeren Vergangenheit verstärkt an Bedeutung gewonnen hat, ist jenes der Sportpsychologie. Das relativ junge Fachgebiet hat zum Ziel, Spitzen-, und mittlerweile auch Freizeitathleten mental stark und fit zu machen, damit diese ihr maximales Leistungspotential zu einem definierten Zeitpunkt abrufen können. „Gut sein, wenn's drauf ankommt" (Mendius & Werther, 2019, S. 230) ist also das etwas salopp formulierte Motto der Sportpsychologie. Als wissenschaftliche Disziplin untersucht die Sportpsychologie die Ursachen und Wirkungen psychischer Vorgänge, „die sich beim

Menschen vor, während und nach sportlicher Tätigkeit abspielen (Mendius & Werther, 2019, S. 230). Aus einer mehr praktischen, anwendungsorientieren Perspektive heraus, lässt sich Sportpsychologie als Anwendungsdisziplin psychologischen Fachwisssens und psychologischer Methoden auf den Bereich des Sports definieren (Mendius & Werther, 2019, S. 230).

Allzu häufig leiden Sportler unter dem sogenannten "Trainingsweltmeister-Phänomen" (Mendius & Werther, 2019, S. 228). Das bedeutet, dass sie im Training und bei Trainingswettkämpfen ihre Leistung voll abrufen können, in den wichtigen, entscheidenden Wettkämpfen jedoch durch zu hohen Erwartungs- und Leistungsdruck nicht dazu im Stande sind ihr Potential voll auszuschöpfen. In solchen Fällen wirkt sich der empfundene Leistungsdruck negativ auf die Bewegungsabläufe, die Lockerheit und letztlich auf die Ansteuerung der Muskeln aus und führt dadurch zu Leistungseinbußen. Dies wird auch als Koaktivierung (Mendius & Werther, 2019, S. 229) bezeichnet. Sportler hierbei im Rahmen einer sportpsychologischen Beratung zu unterstützen und mit ihnen gemeinsam Strategien zu entwickeln, um derartigen Phänomenen entgegenzuwirken, ist eine der Hauptaufgaben von Sportpsychologen. Neben individuellen Beratungsanlässen, wie dem hier exemplarisch herausgegriffenen, gibt es für Sportpsychologen noch ein weites Feld an Fragestellungen und Aufgabengebieten. Kuhn und Mayer (2012; zitiert nach Mendius & Werther, 2019, S. 233) stellen hierzu eine äußerst umfangreiche Auflistung zur Verfügung, welche sich in sportpsychologische Basiskompetenzen, Diagnostik und Analyse, individuelle Beratungsanlässe, Teamentwicklung, Organisationsentwicklung und sonstige Beratungsfelder unterteilt.

Da bis zum heutigen Tag die Berufsbezeichnung Sportpsychologe noch keinem besonderen, rechtlichen Schutz unterliegt und auch keine Ausbildungskriterien oder Curricula festgelegt sind, finden sich Personen mit den unterschiedlichsten Werdegängen in diesem Berufsfeld wieder (Mendius & Werther, 2019, S. 232). Um dennoch eine hohe Qualität in der psychologischen Beratung und Arbeit - gerade im durch Bundesmittel finanzierten Spitzensport gewährleisten zu können - haben das Bundesinstitut für Sportwissenschaften (BISp), der Deutsch Olympische Sportbund (DOSB) und die Arbeitsgemeinschaft für Sportpsychologie (asp) fachliche Qualitätskriterien festgelegt (Mendius & Werther, 2019, S. 233).

3.2 Die Rolle der psychologischen Grundlagen- und Anwendungsfächer in den vorgestellten Berufsbildern

Im Allgemeinen lassen sich alle psychologischen Fächer und Disziplinen in die sogenannten Grundlagen,- Anwendungs- und Methodenfächer unterteilen. Die Methodenfächer stellen dabei sozusagen das „Rüst- und Handwerkszeug" aller Disziplinen dar. Sie vermitteln unter anderem qualitative und quantitative Methoden, mittels welcher psychologische Fragestellungen erforscht und beantwortet werden können. Die psychologischen Grundlagenfächer, nämlich die Entwicklungspsychologie, die Biologische Psychologie, die Differentielle bzw. die Persönlichkeitspsychologie, die Allgemeine Psychologie, die Geschichte der Psychologie und die Sozialpsychologie, vermitteln allgemeinpsychologische Theorien und Modelle (Mühlfelder, 2017a, S, 21), auf welchen letztlich die psychologischen Anwendungsfächer aufbauen. Unter 3.1 wurden exemplarisch drei psychologische Berufsbilder herausgegriffen und näher vorgesellt. In allen drei Berufsbildern sind die psychologischen Grundlagenfächer fest verankert. So lassen sich beispielsweise kognitionspsychologische Ansätze aus der Allgemeinen Psychologie im Bereich der Eignungsdiagnostik, welche in der Wirtschaftspsychologie und hier im Speziellen in der Personalpsychologie zur Anwendung kommt, wiederfinden. Hierbei ist die Untersuchung von Denkprozessen und der Fähigkeit der Informationsverarbeitung ein wichtiger Baustein. Im Bereich der Unternehmensberatung wie auch in der Arbeits- und Organisationspsychologie ist ein tiefgreifendes Verständnis von Lernprozessen, wie sie ebenfalls in der Allgemeinen Psychologie gelehrt werden, von großer Bedeutung, wenn es etwa um Change Management und Veränderungsprozesse geht. Auch in der Sportpsychologie spielt Lernen eine wichtige Rolle. In der Klinischen Psychologie spielen neben der Allgemeinen Psychologie auch Theorien und Modelle der Biologischen Psychologie eine zentrale Rolle. Hier seien beispielsweise die Erforschung und Behandlung von „chronischem Stress, Suchterkrankungen wie Alkoholismus oder Spielsucht" (Mühlfelder, 2017a, S.33) genannt.

4 Literaturverzeichnis

Döring, N. & Bortz, J. (2016). *Forschungsmethoden und Evaluation in den Sozial- und Humanwissenschaften* (5. Aufl.). Springer.

Hussy, W., Schreier, M. & Echterhoff, G. (2013). *Forschungsmethoden in Psychologie und Sozialwissenschaften für Bachelor* (2. Aufl.). Springer.

Kubbe, I. (2016). *Experimente in der Politikwissenschaft: Eine methodische Einführung* (1. Aufl.). Springer.

Kühl, S. (2009). Experiment. In S. Kühl, P. Strodtholz & A. Taffertshofer (Hg.), *Handbuch Methoden der Organisationsforschung: Quantitative und Qualitative Methoden // Quantitative und qualitative Methoden* (1. Aufl., S. 534–557). Verl. für Sozialwissenschaften.

Leonhart, R. (2008). *Psychologische Methodenlehre, Statistik*. Ernst Reinhardt Verlag. http://www.utb-studi-e-book.de/9783838530642

Mendius, M. & Werther, S. (Hg.). (2019). *Faszination Psychologie – Berufsfelder und Karrierewege*. Springer.

Mühlfelder, M. (2017a). *Studienbrief: Einführung in die Psychologie* (M. Mühlfelder, Hg.) (1. Aufl.).

Mühlfelder, M. (2017b). *Studienbrief: Psychologie studieren an der SRH Fernhochschule - The Mobile University* (M. Mühlfelder, Hg.) (1. Aufl.).

Westermann, R. (2020). Experiment. In M. A. Wirtz (Hg.), *Dorsch - Lexikon der Psychologie* (19. Aufl.). https://portal.hogrefe.com/dorsch/experiment/

Zimbardo, P. G. & Gerrig, R. J. (Hg.). (1999). *Psychologie* (7. Aufl.). Springer.

BEI GRIN MACHT SICH IHR WISSEN BEZAHLT

- Wir veröffentlichen Ihre Hausarbeit,
  Bachelor- und Masterarbeit

- Ihr eigenes eBook und Buch -
  weltweit in allen wichtigen Shops

- Verdienen Sie an jedem Verkauf

Jetzt bei www.GRIN.com hochladen und kostenlos publizieren